AF313846

**MINISTÈRE
DE LA GUERRE.**

COMITÉ
DE L'ARTILLERIE.

Avis n° 158,
du 5 août 1878.

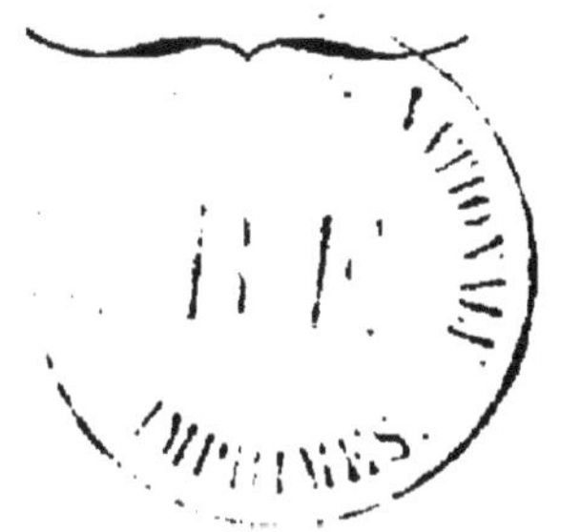

CARNET

A L'USAGE

DES CHEFS DE DÉTACHEMENT

DU

TRAIN DES ÉQUIPAGES MILITAIRES.

TABLE DES MATIÈRES.

CHAPITRES.	DÉSIGNATIONS.	PAGES.
Ier.	Tableau indiquant le personnel et le matériel entrant dans la composition des divers détachements d'un escadron du train des équipages............................	5
II.	Administration. — Solde. — Comment la solde est perçue. Vivres. — Vivres de réserve. — Vivres remboursables. — Fourrages. — Chauffage.........................	6
III.	Devoirs du chef de détachement en quittant sa compagnie..	8
IV.	Devoirs à remplir étant détaché.......................	9
V.	Prescriptions particulières aux différentes positions que les détachements peuvent avoir en campagne. — Transport des subsistances.—Service des télégraphes et des postes. — Service des ambulances.........................	11
VI.	Recommandations générales...........................	12

I. — *Tableau indiquant le personnel et le matériel entrant dans la composition des divers détachements du   escadron du train des équipages militaires.*

		OFFICIERS.	SOUS-OFFICIERS.	BRIGADIERS.	HOMMES DE TROUPE	CHEVAUX.	MULETS.	VOITURES à 2 roues.	à 4 roues.	de réquisition.	GRADE du COMMANDANT du détachement.
1re compagnie. Divis^{on}.	Trésorerie et postes . Ambulance......... Convoi des subsistances										
2e compagnie. Quartier général.	Ambulance......... 1re moitié du convoi.										
3e compagnie. Divis^{on}.	Trésorerie et postes.. Ambulance......... Convoi des subsistances..........										
4e compagnie.	Ambulance de la brigade de cavalerie.. Trésorerie et postes du quartier général .. Section télégraphique de 1re ligne...... 2e moitié du convoi des subsistances du quartier général .. Réserve d'effets d'habillement et de petit équipement....										
5e compagnie. Ambulances légères.	Ambulance du quartier général...... Ambulance de la division........... Ambulance de la division......... Ambulance de la brigade de cavalerie..										
6e compagnie.											

II. — ADMINISTRATION. — SOLDE.

Solde. — La solde de campagne est due aux hommes à partir de la veille du jour où les détachements dont ils font partie sont mis en route pour les points de concentration.

La solde des hommes du train en campagne est indiquée au tableau nº 1, à la suite du carnet.

En campagne, la solde de présence est due cumulativement avec les vivres de campagne, dans toutes les positions de présence ; à l'ambulance et en congé, l'homme n'a droit à rien.

Les sous-officiers, brigadiers et cavaliers ont droit à une première haute paye à partir du jour où ils ont contracté un rengagement ayant pour effet de les maintenir dans l'armée active après cinq années de service ; ils reçoivent une deuxième haute paye après dix années de service. Voir le tableau nº 2.

Comment la solde est perçue. — En quittant sa compagnie, le chef de détachement reçoit de son capitaine une avance en argent équivalente à un prêt, destinée à faire face aux besoins de l'ordinaire et à payer les réparations qu'on peut avoir à faire exécuter par des ouvriers civils. Les jours de prêt, c'est-à-dire les 1ᵉʳ, 6, 11, 16, 21, 26 du mois, le chef de détachement établit une feuille de prêt (modèle nº 3), comprenant les cinq jours écoulés, et se rend auprès de son capitaine, qui lui en remet le montant, déduction faite de la somme avancée, et lui fait une nouvelle avance sur le prêt suivant.

Si le chef de détachement ne peut rejoindre son capitaine le jour même du prêt, il attend au lendemain.

En cas de besoin urgent, si un retard plus long se produisait, la solde du détachement pourrait être assurée par la compagnie la plus voisine faisant partie du même escadron.

Le modèle de feuille de prêt nº 3 ne sera employé que pour les détachements commandés par un sous-officier, un brigadier ou un cavalier de 1ʳᵉ classe. Pour les détachements commandés par un officier, on fera usage de la feuille de prêt ordinaire.

Vivres. — Les vivres, en général, se composent :

1º Des vivres-pain ;
2º Des vivres de campagne ;
3º Des vivres-viande.

Les vivres-pain comprennent :

Le pain ;
Le biscuit ;
Le pain de soupe remboursable.

Les vivres de campagne comprennent les denrées ci-après, savoir :
Riz ;

Légumes secs. { Pois. . . . . / Haricots. . . . . / Fèves. . . . . } donnés alternativement ou / Lentilles. . . . . } en remplacement l'un de / Conserves de légumes. } l'autre.

Sel ;
Sucre ;
Café ;
Vin ;
Bière ou cidre en remplacement de vin ;
Eau-de-vie.

Les vivres-viande comprennent :

La viande fraîche ;
Le lard ou le bœuf salé ;
Les conserves de viande.

La composition ordinaire de la ration en vivres de toute espèce est indiquée par le tableau figurant au modèle n° 4 du présent carnet ; toutes les modifications qu'elle subit pendant le cours d'une campagne sont annoncées aux troupes par la voie de l'ordre. Ces modifications doivent être inscrites par les soins du chef de détachement au tableau n° 23, portant pour titre : *Renseignements divers concernant le détachement.*

Le chef de détachement établit ses bons de vivres pour le nombre de jours qui a été indiqué par la voie de l'ordre.

Pour la facilité des perceptions, chaque chef de détachement reçoit. au moment où il se sépare de sa compagnie, un certain nombre de Bons préparés d'avance par nature de denrées : modèles n° 5 et 6.

Vivres de réserve. — Les hommes ont toujours avec eux deux jours de vivres de réserve et une boîte de conserves. En principe, ces vivres ne sont mis en consommation que sur l'ordre du commandement. Le chef de détachement conserve, à l'appui de ses comptes, une copie de cet ordre. Le chef de détachement passe tous les jours la revue des vivres de réserve, et il rend compte à son capitaine commandant, chaque jour de prêt, de leur conservation et de leur emploi. Des punitions sévères sont infligées aux hommes qui ont consommé sans permission tout ou partie de leurs vivres de réserve ; dans ce cas, le manquant est remplacé dès que les circonstances le permettent,

Vivres remboursables. — Le commandant en chef autorise, dans certains cas particuliers, des distributions de vivres excédant les quantités allouées par les règlements et dont la valeur doit être remboursée à l'Etat. Ces vivres sont désignés sous le nom de vivres remboursables ; l'ordre qui en prescrit la distribution fait connaître le taux du remboursement de la ration.

Les Bons de vivres remboursables (modèle n° 7) sont établis autant que possible sur papier de couleur ; la valeur des vivres perçus est retenue aux hommes sur les fonds de l'ordinaire ou sur les centimes de poche, s'il n'y a pas d'ordinaire, et remise à chaque prêt au capitaine commandant, qui en tient compte au chef de détachement.

Fourrages. — La composition des rations ordinaires de fourrages pour le Train des Equipages est indiquée au tableau n° 8.

Toute modification à cette composition est annoncée par la voie de l'ordre.

Les fourrages sont perçus comme les vivres, sur la présentation de Bons établis et signés par le chef de détachement (modèle n° 9).

Lorsque la paille de couchage est due aux troupes, le chef de détachement en est informé par la voie de l'ordre.

La ration est de 5 kilogrammes par homme, en paille longue.

La ration est de 7 kilogrammes par homme, en paille courte.

La paille est renouvelée tous les quinze jours ou à chaque changement de position.

La ration est réduite de moitié lorsque le séjour ne doit pas dépasser trois jours.

Lorsque la troupe est campée ou bivaquée sans abri, elle reçoit, à moins de demande contraire du commandant, une ration supplémentaire de chauffage en remplacement de paille de couchage.

Chauffage. — En campagne, le service du chauffage est assuré par les fonctionnaires de l'Intendance chargés des subsistances.

On distingue, dans les prestations de chauffage, les rations d'ordinaire pour la cuisson des aliments et les rations de chambre pour le chauffage des hommes; les unes et les autres sont collectives ou individuelles. Le chef de détachement, après avoir demandé au service de l'Intendance quels sont les droits de son détachement en ce qui concerne le chauffage, établit ses Bons conformément au modèle n° 10.

Les prestations en nature de toute espèce, vivres, fourrages, paille de couchage, chauffage, vivres remboursables, sont perçues, dans des locaux désignés par les ordres du commandant, sur la présentation des Bons établis par le chef de détachement, signés par lui et visés par le Sous-Intendant ou par le fonctionnaire qui le supplée. Ces Bons ne doivent jamais comprendre des prestations afférentes à deux trimestres différents; ils sont enregistrés au fur et à mesure sur le présent carnet de comptabilité aux tableaux n° 20 et 21.

C'est au moyen de ce carnet que le chef de détachement peut, en rentrant à sa compagnie, justifier de ses perceptions.

III. — DEVOIRS DU CHEF DE DÉTACHEMENT EN QUITTANT SA COMPAGNIE.

Le chef de détachement, avant de quitter sa compagnie, passe, sous les yeux de son capitaine commandant, une revue minutieuse de l'armement et des effets d'habillement, d'équipement et de linge et chaussure, de campement ; il veille à ce que ses hommes aient tout ce qui est prescrit par l'ordonnance et rien de plus (voir le règlement du 22 janvier 1876), qu'ils soient pourvus de leurs cartouches, de leurs vivres de réserve et des sachets contenant le sel, le sucre, le café et le riz.

Il passe également la revue des chevaux et du harnachement qui lui ont été affectés ; il s'assure que la ferrure est bonne et que chaque conducteur possède pour chacun de ses chevaux quatre fers avec leurs clous, que le harnachement est en bon état d'entretien et bien ajusté, que les traits ont une longueur convenable (règlement sur la conduite des voitures et des mulets de bât).

Il visite avec le plus grand soin ses voitures, examine si elles sont en état de marcher, si elles sont graissées et si les boîtes à graisse sont garnies.

Dans le cas où son détachement comprend un bourrelier et un maréchal, il s'assure que ces ouvriers sont pourvus des outils et matières nécessaires pour travailler.

Il reçoit de son capitaine un exemplaire du présent carnet, à la suite duquel se trouvent différents modèles et des états devant servir à l'administration de son détachement.

Il devra d'ailleurs consulter les fonctionnaires de l'intendance dans tous les cas qui ne sont pas prévus dans ce carnet.

IV. — DEVOIRS A REMPLIR ÉTANT DÉTACHÉ.

En ce qui concerne les hommes placés sous ses ordres, le chef de détachement pourvoit à leurs besoins à l'aide de Bons établis comme il a été dit plus haut ; il veille à ce que leurs effets et leurs armes soient entretenus constamment en bon état. Lorsque des effets d'habillement doivent être remplacés, ou lorsque des effets de linge et chaussure doivent être distribués, il prend les instructions de son capitaine commandant.

Lorsque des effets quelconques ont été perdus ou dégradés par force majeure, le chef de détachement rend compte du fait à son capitaine commandant et établit un procès-verbal de perte d'effets conforme au modèle n° 11.

Lorsqu'un homme du détachement doit entrer à l'ambulance ou à l'hôpital, on établit un billet d'entrée à l'hôpital, modèle n° 12 ; sa mutation est inscrite sur le carnet de comptabilité ; il emporte ses effets et ses armes.

En ce qui concerne les chevaux, le chef de détachement veille avec une sollicitude constante à ce qu'ils se maintiennent en bonne santé.

La répartition des repas dépend souvent des circonstances ; on adoptera la suivante, lorsque rien ne s'y opposera :

Après l'abreuvoir du matin. . . . . 1/2 ration d'avoine.
A la grande halte . . . . 1/4 ration d'avoine.
Aussitôt après l'arrivée. . . . . 2/5 ration de foin.

Après l'abreuvoir du soir.. . . . . 1/4 ration d'avoine.
Après le pansage du soir.. . . . . 3/5 ration de foin.

Lorsqu'il n'y aura pas de grande halte, la moitié de la ration d'avoine sera donnée après l'abreuvoir du soir.

Le chef de détachement fera décharger les chevaux en arrivant au gîte; il fera ôter la croupière et déboucler le poitrail, desseller quand les chevaux n'auront plus chaud, et bouchonner particulièrement le dos; il passera lui-même la visite de ses chevaux. Les moindres tumeurs ou blessures doivent être soignées dès le début; si le dos présente quelque partie sensible, il faut employer immédiatement les lotions d'eau fraîche, vinaigrée ou salée.

Le harnachement doit être alors examiné et modifié de manière que l'appui de la partie correspondant à la blessure soit changé; il doit être maintenu constamment en bon état d'entretien; le chef de détachement le visite chaque jour en portant son attention principalement sur les selles, les colliers et les corps de bricoles; les mamelles des colliers doivent être toujours propres et souvent graissées.

Si des réparations sont nécessaires, on les fera exécuter de préférence par des ouvriers militaires, et à leur défaut, par des ouvriers civils. Le montant des réparations sera, dans ce dernier cas, payé par le chef de détachement, qui établira une facture conforme au modèle n° 13, si la dépense est inférieure à 10 francs, et conforme au modèle n° 14, si le montant de la dépense s'élève à 10 francs ou plus; dans ce cas, l'ouvrier devra apposer sa signature sur un timbre d'acquit de 10 centimes qu'il est tenu de payer.

La ferrure doit toujours être en parfait état et chaque jour le chef de détachement passe la visite des pieds de ses chevaux; s'il est dans la nécessité de recourir à un maréchal ferrant civil, il paie cet ouvrier sur facture, comme il vient d'être dit à propos des bourreliers.

Si un cheval tombe malade en route de façon à ne pouvoir arriver au gîte, il est confié, contre reçu, à l'intérieur, au Maire ou à la Gendarmerie, et en pays ennemi aux représentants de l'autorité municipale.

Dans tous les cas, le chef de détachement rend compte sans délai à son capitaine commandant.

Si un cheval meurt, le chef de détachement prévient le Sous-Intendant ou le fonctionnaire qui le supplée, et établit un procès-verbal de mort conforme au modèle n° 15.

En cas d'accident à une voiture, on la fait réparer immédiatement, s'il est possible; elle rentre ensuite dans la colonne là où elle se trouve et rejoint sa place à la première halte. S'il est nécessaire de la décharger, on répartit le chargement sur les autres voitures; si elle est dans l'impossibilité de continuer sa route, elle est laissée, sur reçu, si l'on est en pays ami, aux autorités militaires ou civiles les plus voisines; en pays ennemi, on la remettrait, également sur reçu, aux représentants de l'autorité municipale du lieu, en les prévenant qu'ils en demeurent responsables.

A l'arrivée au gîte, toute voiture détériorée est conduite au parc lorsqu'il se trouve à proximité; sinon, les réparations sont faites par les ouvriers civils de la localité; la dépense est acquittée par le chef du détachement, comme il a été dit plus haut, sur une facture constatant la nature et l'importance de la réparation.

Les voitures doivent être graissées tous les cinq jours (Règlement du 2 mai 1865, page 200); lorsque l'approvisionnement de graisse est épuisé, il est renouvelé à la portion principale de la compagnie.

V. — PRESCRIPTIONS PARTICULIÈRES AUX DIFFÉRENTES POSITIONS QUE LES DÉTACHEMENTS PEUVENT AVOIR EN CAMPAGNE.

Transport des subsistances. — Le Sous-Intendant militaire, chargé du service des subsistances, donne les ordres relatifs au chargement des voitures et aux mouvements à exécuter.

Le chef du détachement doit bien se pénétrer des ordres qu'il reçoit, demander des explications, s'il y a lieu, et exécuter ensuite les ordres à la lettre.

Le règlement du 2 mai 1865 lui donne des indications sur ce qu'il a à faire dans toutes les circonstances de la marche; il s'y conforme strictement.

Il veillera au poids du chargement qui est déterminé d'avance. Ce poids ne devra jamais être dépassé, à moins de circonstances exceptionnelles ou d'ordre émanant de l'autorité supérieure.

Lorsqu'un Agent de l'Administration est désigné pour accompagner des voitures chargées de vivres ou d'autres objets, il est responsable du chargement; mais si le chef du détachement a dû en donner récépissé au départ, il aura soin, à l'arrivée à destination, d'exiger un reçu de l'Officier comptable ou de l'autorité à qui il en fera la remise.

Service des télégraphes et des postes. — Le chef du détachement doit prendre les instructions du chef du Télégraphe ou de la Poste et s'y conformer pour tout ce qui concerne les besoins du service. Les hommes sous ses ordres, à l'exception des ordonnances et des plantons, ne doivent jamais être employés qu'au service des transports. Il est seul commandant militaire de son détachement.

Il doit s'appliquer à n'avoir avec le personnel civil avec lequel il opère que des relations faciles. S'il survenait des difficultés, il en rendrait compte à ses chefs directs.

En aucun cas, un conflit ne peut faire suspendre l'exécution d'un travail commandé.

Les voitures du Télégraphe sont très-lourdes et doivent presque toujours être conduites à des allures vives sur des points déterminés. Le service du Train peut être, à certains moments, très-pénible. Pour qu'il soit toujours assuré, le chef de détachement demandera assez à temps le remplacement des chevaux qui lui paraîtraient trop fatigués, de manière à être toujours en état d'exécuter les ordres qui pourraient lui être donnés.

Service des ambulances. — Le chef du détachement reçoit les ordres du Sous-Intendant militaire chargé de l'ambulance.

Il devra faire en tous points l'application des prescriptions contenues dans le règlement du 2 mai 1865, qu'il s'agisse de l'enlèvement des blessés sur le champ de bataille ou d'une évacuation de malades sur un point en arrière de l'armée.

Dans le cas où les voitures d'ambulance seraient insuffisantes, le chef de détachement fait approprier de son mieux au transport des blessés le matériel dont il dispose, en se servant de paille, d'herbe, de planches et de tout ce qui peut rendre la route moins pénible aux malades.

Dans les évacuations, il obtempère aux ordres du médecin attaché au convoi, en ce qui concerne les heures de départ, les haltes et les dispositions à prendre à l'arrivée à l'étape.

La *Convention internationale* relative aux militaires blessés sur les champs de bataille, signée à Genève le 22 août 1864, neutralise le personnel des hôpitaux et des ambulances, et, par conséquent, les détachements du train employés au transport des malades.

Des brassards portant croix rouge sur fond blanc sont remis, par les soins de l'Intendance, aux hommes que couvre cette neutralité. Les voitures sont aussi marquées au signe de la convention.

Le chef d'un détachement affecté à une ambulance devra donc revendiquer cette neutralité qui lui permettrait, dans le cas où il tomberait au pouvoir de l'ennemi, d'obtenir une sauvegarde et de ramener son détachement en entier à son corps d'armée.

VI. — RECOMMANDATIONS GÉNÉRALES.

Le chef d'un détachement doit s'attacher à bien connaître son personnel et les ressources dont il dispose.

Il devra commander avec fermeté et exiger, en toutes circonstances, l'exécution des règlements et une obéissance absolue à ses ordres ; mais il devra aussi se montrer très-soucieux des intérêts de ses hommes.

Sa sollicitude doit s'étendre sur tout ce qui intéresse leur santé et leur bien-être. Il surveillera leur nourriture et les habituera à la préparer promptement.

Il importe, en campagne, que les hommes prennent leurs repas et que les chevaux soient soignés le plus tôt possible, afin que le détachement soit toujours prêt aux services éventuels qui peuvent être commandés même après une journée de marche.

Versailles, le 23 août 1878.)

APPROUVÉ :

Le Ministre de la Guerre,

Signé : Gal BOREL.

N° 1.

TARIF DE LA SOLDE
ET DES INDEMNITÉS DE LA TROUPE.

(25 décembre 1875.)

	SOLDE JOURNALIÈRE de présence.	INDEMNITÉ JOURNALIÈRE			
		aux TROUPES en marche.	dans PARIS.	en RASSEMBLEMENT.	en ALGÉRIE.
	fr. c.	fr. c.	fr. c.	fr. c.	fr. c.
Adjudant sous-officier......	3,62	0,85	0,75	0,20	0,23
Maréchal des logis chef.....	4,72				
Maréchal des logis et fourrier.	1,07	0,25	0,40	0,40	0,23
Brigadier-fourrier.........	0,92				
Brigadier...............	0,67				
Trompette...............	0,65				
Soldat et ouvrier de 1re classe.	0,44				
— — 2e classe.		0,40	0,07	0,05	0,23
Enfant de troupe après 14 ans.	0,32				
— — avant 14 ans.	0,12				

N° 2.

HAUTES PAYES D'ANCIENNETÉ.

	1re HAUTE PAYE JOURNALIÈRE.	2e HAUTE PAYE JOURNALIÈRE.	HAUTE PAYE TRANSITOIRE à 15 ans de service aux militaires autorisés à compléter 25 ans de services.
	fr. c.	fr. c.	fr. c.
Sous-officier...................	0,30	0,50	»
Brigadiers-fourriers, brigadiers et soldats...................	0,12	0,15	0,20

ARMÉE

N° 3.

CORPS.

DIVISION.

ESCADRON DU TRAIN DES ÉQUIPAGES M^{res}.

2e trimestre 1876.

COMPAGNIE.

Feuille de prêt du 1er au 5 mai 1876.

N^{os}.	NOMS..	GRADES.	MUTATIONS..	SOLDE par jour.	SOLDE de 5 jours.	OBSERVATIONS.
58	PICARD......	M^{al} des logis.	Présent...........	1,07	5,35	La solde se touche à terme échu..
442	GIRAUD......	Brigadier....	*Idem*..........	0,67	3,35	
345	BRUNARD.....	Trompette...	*Idem*..........	0,65	3,25	
518	MOLLARD....	Caval. de 1re cl.	A l'ambul. du 3 mai.	0,44	0,82	
644	MANSIS.......	Caval. de 2e cl.	Présent.........	0,32	1,60	
620	BOYER.......	*Idem*.......	A l'amb. du 30 avril.	0,32	»	
740	LAFOURCADE.	*Idem*.......	Présent..........	0,32	1,60	
	Etc.					
			TOTAL.............		15,97	

RECU du capitaine commandant (ou officier comptable) la somme de

pour la solde du détachement du 1er au 5 mai 1876.

Au camp   , le

Le Maréchal des logis commandant le détachement,

COMPOSITION DES PRESTATIONS EN NATURE.

VIVRES.

(Art. 233 du règlement sur les subsistances.)

VIVRES-PAIN.	POIDS.	VIVRES DE CAMPAGNE.	POIDS.	LIQUIDES.		QUOTITÉ.
	kil.		kil.			lit.
Pain de repas.....	0,750	Riz............	0,030	Vin............		0,25
Pain de soupe....	0,250	Riz en Algérie....	0,060	Bière...........		0,50
Biscuit pour repas.	0,550	Légumes secs.....	0,060	Cidre...........		0,50
Biscuit pour la soupe.	0,485	Sel.............	0,046	Eau-de-vie.	Ration ...	0,0625
		Sucre { avec l'usage du percolateur...	0,040		Ration hygiénique.	0,03125
VIVRES-VIANDE.	**POIDS.**	Sucre { sans cet usage..	0,024			
	kil.	Café { avec l'usage du percolateur...	0,040			
Viande fraîche....	0,300	Café { sans cet usage..	0,016			
Conserves { d'Australie..	0,200					
Conserves { de France	0,150					
Bœuf salé........	0,300					
Lard salé........	0,240					

ARMÉE

N° 5.

CORPS.

DIVISION.

2ᵉ trimestre 1876.

Effectif : 100 hommes.

BONS DE VIVRES.

ESCADRON DU TRAIN DES ÉQUIPAGES Mˢˢ.

COMPAGNIE.

Détachement commandé par , *maréchal des logis.*

Bon pour quatre cents rations de pain (ou riz, sucre et café) pour les journées des 1ᵉʳ, 2, 3 et 4 mai 1876.

Vu : Au camp , le

Le Sous-Intendant militaire, *Le Maréchal des logis commandant le détachement,*

ARMÉE

N° 6.

CORPS.

DIVISION.

2ᵉ trimestre 1876.

ESCADRON DU TRAIN DES ÉQUIPAGES Mˢˢ.

COMPAGNIE.

Effectif : 100 hommes.

Détachement commandé par , *maréchal des logis.*

Bon pour cent rations de viande pour la journée du 1ᵉʳ mai 1876.

Vu : Au camp , le

Le Sous-Intendant militaire, *Le Maréchal des logis commandant le détachement,*

N° 7.

ESCADRON DU TRAIN DES ÉQUIPAGES Mᵗᵉˢ.

* COMPAGNIE.

Détachement commandé par , *Maréchal des logis.*

VIVRES REMBOURSABLES.

Bon pour cent rations d'eau-de-vie à rembourser par le détachement

Au camp , le
Le Maréchal des logis, commandant le détachement,

FOURRAGES.
(27 juillet 1878.)

N° 8.

| | PIED DE PAIX ET DE RASSEMBLEMENT. | | | | | | RATION de ROUTE. | | PIED de GUERRE. | | |
| | Du 1er décembre au 31 mars | | | Du 1er avril au 30 novembre. | | | | | | | |
	Foin.	Paille.	Avoine.	Foin.	Paille.	Avoine.	Foin.	Avoine.	Foin.	Paille.	Avoine.
Chevaux d'officier....	4ᵏ00	4ᵏ00	4ᵏ35	4ᵏ00	4ᵏ00	4ᵏ85	5ᵏ00	5ᵏ35	4ᵏ00	2ᵏ00	5ᵏ60
Chevaux de troupe, de selle et de trait....	4 00	4 00	4 55	4 00	4 00	5 05	5 00	5 55	4 00	2 00	5 80
Mulets.............	3 00	4 00	3 75	3 00	4 00	3 75	4 00	4 25	3 00	2 00	4 50
Chevaux arabes......	2 50	4 00	4 00	2 50	4 00	4 00	3 00	4 75	3 00	2 00	4 50

| | CAMP DE MANŒUVRES. | | | | |
| | CHEVAUX baraqués. | | | CHEVAUX bivouaqués. | |
	Foin.	Paille.	Avoine.	Foin.	Avoine.
Chevaux d'officier	4ᵏ00	4ᵏ00	4ᵏ85	5ᵏ00	5ᵏ35
Chevaux de troupe, de selle et de trait	4 00	4 00	5 05	5 00	5 55
Mulets.............	3 00	4 00	3 75	4 00	4 25
Chevaux arabes......	2 50	4 00	4 00	3 00	4 75

° CORPS D'ARMÉE.

• DIVISION.

° TRIMESTRE 187 .

EFFECTIF.

Chevaux d'officier. 2
Chevaux de troupe. 100
Mulets 20

ESCADRON DU TRAIN DES ÉQUIPAGES M^{res}.

° COMPAGNIE.

Détachement commandé par , *maréchal des logis.*

Bon pour la quantité de deux cent quarante-quatre rations de fourrages, pour les journées des 2 et 3 octobre 187 .

Chevaux d'officier .... .. quatre rations à .... } Avoine. Foin. Paille.

Chevaux de troupe ...... deux cents rations à ... { Avoine. Foin. Paille.

Mulets .... quarante rations à ..... } Avoine. Foin. Paille.

Au camp , le 187 .

Le Maréchal des logis commandant le détachement,

.... Vu ....

Le Sous-Intendant militaire

 CORPS D'ARMÉE.   **N° 10.**

 DIVISION.

 TRIMESTRE 187 .

ESCADRON DU TRAIN DES ÉQUIPAGES M^{res}.

EFFECTIF.

Officier........... 4
Sous-officiers...... 2
Brigadiers et soldats. 100

 COMPAGNIE.

Détachement commandé par   *, maréchal des logis.*

BON DE CHAUFFAGE.

BON pour la quantité de deux cent seize rations individuelles de bois, pour les journées des 1er et 2 octobre 187 , soit deux cent cinquante-neuf kilogrammes.

Au camp   , le   187 .

Le Maréchal des logis commandant le détachement,

VU :
Le Sous-Intendant militaire,

NOTA. La ration de bois de chauffage est de 1 kil. 20.
Celle de charbon de terre de 0 kil. 60.
Les officiers touchent 4 rations par jour, les sous-officiers 2, et les brigadiers et soldats 1 seulement.

ARMÉE

de

• CORPS.

• DIVISION.

Mois d

N° d'enregistrement au Journal des comptes-matières.

N° 11.

SERVICE DE L'ARTILLERIE.

ESCADRON DU TRAIN DES ÉQUIPAGES M^{res}.

PROCÈS-VERBAL.

SORTIE NE DONNANT PAS LIEU A PAYEMENT.

PERTE PAR CAS DE FORCE MAJEURE.

L'an   , le   , nous, Sous-Intendant militaire, chargé de la surveillance administrative de   , constatons, sur le rapport du commandant de   , que les objets ci-après désignés ont été perdus par suite de

NUMÉROS de la CLASSIFICATION.		DÉSIGNATION DES MATIÈRES.	UNITÉ réglementaire.	CLASSEMENT ET QUANTITÉS.				OBSERVATIONS.
sommaire.	détaillée.			Neuf.	Bon.	A réparer.	Total.	

En conséquence, nous demandons à M. le Ministre de la guerre de vouloir bien autoriser le commandant de   à porter en sortie dans ses comptes les objets désignés au présent procès-verbal et dont la perte doit être supportée par l'État.

APPROUVÉ .

Paris, le   187 .

Le Ministre de la Guerre,

A   , le

Le Sous-Intendant militaire,

VU :

Le Sous-Intendant militaire,

Je soussigné   , certifie avoir porté en sortie les objets mentionnés d'autre part.

A   , le

ARMÉE

de

CORPS.

DIVISION.

N° 12.

ESCADRON DU TRAIN DES ÉQUIPAGES M^res.

COMPAGNIE.

BILLET D'ENTRÉE A L'HOPITAL.

D'après le certificat de l'officier de santé dénommé ci-contre, le sieur Boyer, Louis, soldat de 2e classe, sera admis à l'hôpital   de

Signalement : Fils de   , et de   ,
né le   , à   , canton d
, département d   , taille d'un mètre
centimètres, cheveux et sourcils   , front
, yeux   , nez   , bouche
, menton   , visage   ,
marqué

Entré au corps, en qualité de   , domicilié
de droit, avant son entrée au service, à

Au camp   , le
Le Maréchal des logis commandant le détachement,

Vu.
Le Sous-Intendant militaire
chargé de la police administrative
de l'hôpital,

CERTIFICAT d

L'officier de santé traitant   et l'officier d'administration comptable certifient que   le dénommé ci-
dessus est   aujourd'hui

A   , le

Vu :
*Le Sous-Intendant
militaire,*

L'Officier de santé traitant,   *L'Officier d'administration
comptable,*

MODÈLE DE FACTURE

SOUS FORME DE QUITTANCE

POUR LES DÉPENSES AU-DESSOUS DE 10 FRANCS.

Nous soussigné, X...   négociant à
reconnaissons avoir reçu de
compagnie du   escadron du train des équipages, la somme de
pour la fourniture des objets dont détail suit :

DÉSIGNATION DES OBJETS.	PRIX.	MONTANT.	OBSERVATIONS.
TOTAL.			

A   , le   187 .

(Signature.)

Vu : pour légalisation
de la signature du Sr X....
apposée ci-contre.

Le maréchal des logis, chef du détachement,
certifie que les objets ci-dessus ont été fournis par
le Sr

A   , le   187 .

Le Maire,   A   , le   187 .

(Signature.)   (Signature.)

Vu et Vérifié :
Le Sous-Intendant militaire,
(Signature.)

TRIMESTRE 187 .

Indiquer le service
auquel se rapporte la
dépense.

MODÈLE DE FACTURE

POUR LES DÉPENSES AU-DESSUS DE 10 FRANCS.

ESCADRON DU TRAIN DES ÉQUIPAGES MILITAIRES.

* COMPAGNIE.

Doit le maréchal des logis   de la   * compagnie du
* escadron du Train des équipages militaires, au Sieur
pour le payement des objets dont le détail suit :

DÉSIGNATION DES OBJETS.	PRIX.	DÉCOMPTE.	OBSERVATIONS.
TOTAL.........			

Vu : pour légalisation de la
signature de M.
apposée ci-contre.

A   , le   187 .

Le Maire,

(Signature.)

Certifié véritable la présente facture montant
à la somme de

A   , le   187 .

(Signature du fournisseur.)

Le maréchal des logis   certifie
que les objets ci-dessus désignés ont été reçus.

A   , le   187 .

(Signature).

Pour acquit de la somme de
montant de la présente facture.

A   , le   187 .

(Signature.)

Vu et vérifié
Le Sous-Intendant militaire,

N° 15.

• ESCADRON DU TRAIN DES ÉQUIPAGES M^{res}.

• COMPAGNIE.

PROCÈS-VERBAL DE MORT D'UN CHEVAL.

Cejourd'hui dix mai de l'an mil huit cent soixante-seize, nous, Lavallée, Sous-Intendant militaire, employé à

Sur l'avis à nous donné qu'un cheval du 43° escadron du Train des équiprges militaires était mort et gisait dans le camp de

Nous nous y sommes transporté, accompagné de

et y avons trouvé ledit cheval signalé comme il suit : *Arfa*, cheval bai cerise, 10 ans, 1^m,560.

Pour connaître les causes qui ont occasionné sa mort, nous avons fait appeler le sieur Blanc, vétérinaire au   , lequel, après avoir prêté le serment requis et avoir examiné ledit cheval, nous a déclaré qu'il était mort de

De tout quoi nous, Sous-Intendant, avons dressé le présent procès-verbal que M. Blanc, vétérinaire, a signé avec nous.

Au camp   , les jour, mois et ans que dessus.

Le Sous-Intendant militaire,

Le Vétérinaire,

CONTROLE DES HOMMES.

N°° MATRI-CULES.	NOMS ET PRÉNOMS.	GRADES.	EFFETS DE 1re CATÉGORIE.										
			BOURGERON.	CALOTTE DE DRAP.	CEINTURE DE FLANELLE.	KÉPI.	PANTALON D'ORDONNANCE.	PANTALON DE CHEVAL N° 1.	PANTALON DE CHEVAL N° 2.	DOLMAN.	VESTE.		

EFFETS DE 2ᵉ CATÉGORIE.								CAMPEMENT.				ARMEMENT.				MU-TATIONS.
BRETELLE DE CARABINE.	CEINTURON.	DRAGONNE DE SABRE.	GIBERNE ET PORTE-GIBERNE.	ÉTUI DE REVOLVER.	MANTEAU OU CAPOTE.	PORTE-MANTEAU.	SHAKO.	COUVERTURE.	PETIT BIDON.	SAC TENTE-ABRI.	TOILE CAOUTCHOUC.	CARABINE.	SABRE.	REVOLVER.	NÉCESSAIRE D'ARMES.	

CONTROLE DES CHEVAUX.

NUMÉROS MATRICULES.	NOMS DES CHEVAUX.	SIGNALEMENT. (Sexe, âge, taille, robe.)	ORIGINE et DATE de l'arrivée au corps.	SELLE ET BRIDE.	BRIDE DE SOUS-VERGE.	HARNAIS.	BOTTE PORTE-CARABINE.	SCHABRAQUE.

COUVERTURE.	BISSAC.	LICOL.	BRIDON.	SURFAIX.	BAT.	BRIDON À ŒILLÈRES.	MUSETTES-MANGEOIRES.				NOMS des CONDUCTEURS.	MUTATIONS.

N° 18.

État des voitures mises à la disposition du détachement.

DÉSIGNATION DES VOITURES.	NOMBRE.	NUMÉROS.	
Voitures légères d'ambulance........			
Voitures omnibus d'ambulance.......			
Voitures spéciales d'ambulance......			
Trésorerie et Poste. — Levées de boîtes.......			
Transports du personnel.			
Transports des fonds...			
Télégraphe. — Voitures postes........			
Chariots télégraphiques.			
Voiture d'imprimerie typographique..			
Voitures régimentaires.............			
Fourgons....................			
Chariots de parc..............			
Chariots-fourragères			
Forges....................			
Voitures irrégulières.............			

N° 19.

Etat des accessoires du matériel et des objets de campement mis à la disposition du détachement.

DÉSIGNATION DES OBJETS.	NOMBRE.	

ENREGISTREMENT

DES PERCEPTIONS EN NATURE.

DATES DES BONS.	VIANDE, LARD OU CONSERVES.	PAIN OU BISCUIT.	RIZ OU LÉGUMES.	SEL.	VIN.	SUCRE ET CAFÉ.	EAU-DE-VIE.							

Paille de couchage.	FOURNITURES EXTRAORDINAIRES.				Bois.	CHAUFFAGE.	pour la préparation du café.		FOURRAGES,			
						Charbon.						

VIVRES REMBOURSABLES.

DATES DES BONS.	VIN au prix de	EAU-DE-VIE au prix de	SUCRE ET CAFÉ au prix de		MONTANT à rembourser.		PAR QUI LES BONS sont remboursables.
					fr.	c.	

DATES DES BONS.	VIN au prix de	EAU-DE-VIE au prix de	SUCRE ET CAFÉ au prix de		MONTANT à rembourser.	PAR QUI LES BONS sont remboursables.
					fr. c.	

DATES DES BONS.	VIN au prix de	EAU-DE-VIE au prix de	SUCRE ET CAFÉ au prix de		MONTANT à rembourser.	PAR QUI LES BONS sont remboursables.
					fr. c.	

DATES DES BONS.	VIN au prix de	EAU-DE-VIE au prix de	SUCRE ET CAFÉ au prix de		MONTANT à rembourser.	PAR QUI LES BONS sont remboursables.
					fr. | c.	

DATES DES BONS.	VIN au prix de	EAU-DE-VIE au prix de	SUCRE ET CAFÉ au prix de		MONTANT à rembourser.	PAR QUI LES BONS sont remboursables.
					fr. c.	

ENREGISTREMENT

DES RECETTES ET DÉPENSES

DU DÉTACHEMENT.

DATES.	DÉTAIL des RECETTES ET DÉPENSES.	RECETTES.	DÉPENSES.	

DATES.	DÉTAIL des RECETTES ET DÉPENSES.	RECETTES.	DÉPENSES.	

DATES.	DÉTAIL des RECETTES ET DÉPENSES.	RECETTES.	DÉPENSES.	

DATES.	DÉTAIL des RECETTES ET DÉPENSES.	RECETTES.	DÉPENSES.	

DATES.	DÉTAIL des RECETTES ET DÉPENSES.	RECETTES.	DÉPENSES.	

DATES.	DÉTAIL des RECETTES ET DÉPENSES.	RECETTES.	DÉPENSES.	

DATES.	DÉTAIL des RECETTES ET DÉPENSES.	RECETTES.	DÉPENSES.	

DATES.	DÉTAIL des RECETTES ET DÉPENSES.	RECETTES.	DÉPENSES.	

DATES.	DÉTAIL des RECETTES ET DÉPENSES.	RECETTES.	DÉPENSES.	

DATES.	DÉTAIL des RECETTES ET DÉPENSES.	RECETTES.	DÉPENSES.	

RENSEIGNEMENTS DIVERS

CONCERNANT LE DÉTACHEMENT.